# И в шутку и всерьез

*Стихи разных лет*

## Саша Кидд

iUniverse, Inc.
Bloomington

**И в шутку и всерьез**
Стихи разных лет

*iUniverse books may be ordered through booksellers or by contacting:*

*iUniverse*
*1663 Liberty Drive*
*Bloomington, IN 47403*
*www.iuniverse.com*
*1-800-Authors (1-800-288-4677)*

*Because of the dynamic nature of the Internet, any web addresses or links contained in this book may have changed since publication and may no longer be valid. The views expressed in this work are solely those of the author and do not necessarily reflect the views of the publisher, and the publisher hereby disclaims any responsibility for them.*

*Any people depicted in stock imagery provided by Thinkstock are models, and such images are being used for illustrative purposes only. Certain stock imagery © Thinkstock.*

*ISBN: 978-1-4759-1532-7 (sc)*
*ISBN: 978-1-4759-1533-4 (ebk)*

*Printed in the United States of America*

*iUniverse rev. date: 12/14/2012*

# Contents

# Как часто мы молчим!

Как часто мы молчим,
Когда сказать так надо!
Все про себя бурчим,
Когда воскликнуть надо!

От трусости в бреду,
От робости в обиде,
Как водоросли в пруду,
Не чувствуем, не видим!

Трясемся, как кроты,
От солнечного света,
Творенья темноты
И вечного запрета!

Запрета быть собой,
Искать свои дороги,
Молчим перед толпой
Послушны и убоги!

Не любим, не горим,
Не чувствуем, не знаем!
От праздности скулим,
Невнятно прозябаем!

Пустая седина . . .
Все у себя украли!
Ни радости, ни сна,
Ни мысли, ни печали . . .

2004

# Врач от Бога . . .

Сама ты не знаешь,
Но жизнью своей,
Собой исцеляешь
Болящих детей . . .

И зло беспредметно,
Болезни и страх
Уходят бесследно
В надежных руках.

По страждущей тверди
Шагаешь за них,
Чтобы вырвать у смерти
Малюток своих!

2006

# Западным фирмачам

С утра, перебирая все до нитки,
Ухмылки собирая здесь и там,
Встречая эти глупые улыбки,
Я так хочу пройтись по головам . . .

По головам унылым и холеным,
По головам без мысли и мечты,
По головам безвкусным и зеленым,
По головам со звоном пустоты!

По лысинам, обмазанным сиропом,
Безумной глупости и бешенных страстей,
По этим тыквам проскачу галопом
Я рифмы незастенчивой своей . . .

2011

# В Гефсиманском Саду

Склоню колени я в Гефсимании
Христа я вижу в немом страдании.

Кровавым потом грехи людские
Омыл он кротко под сны мирские.

Заснули трое Его сподвижников,
Как-будто выбрал лукавых книжников.

Нет слабых, сонных Его овец,
И слышал только Его Отец.

Но чаши мимо не пронести
Один Он послан сей мир спасти! . . .

2007

# О небесном и земном

На взлетной полосе
Мечтаю о просторе . . .
В блистательной красе
Седого неба море!

Ныряю в глубину
Врываюсь в бесконечность,
В волшебную страну
С простым названьем вечность.

И вновь дома, луга.
Я вижу на мгновенье
Альпийские снега
Земного вдохновенья . . .

2008

# Когда настойчиво несешь

Когда настойчиво несешь
Свой Крест, не зная вдохновенья,
Когда от мира устаешь
И ищешь смертного забвенья,

Вдруг открывается на миг,
Что эта ноша не напрасна,
Что свет Спасения Велик,
А слабость немощи ужасна!

Благословляя тишину,
Струящуюся светлым благом,
Не прорывай пустую тьму—
Спокойно шествуй мягким шагом . . .

2002

# Валечка . . .

Соломенная шляпка,
Раскрашенная тряпка,
И вот она, игрушка,
Девчонка-побрякушка.

Сегодня она в море,
А завтра в океане,
Сегодня с дядей Борей,
А завтра с дядей Ваней.

А вот и Сэм нашелся
И по душе пришелся
И золотой "нокдаун"
Кладет девчонку "даун".

Как в лучших фолиантах
Теперь она в бриллиантах!
Лишь ножками играя,
Живет она блистая!

Бинтованная шляпка
И марлевая тряпка.
Так чья теперь игрушка,
Девчонка-побрякушка? . . . .

2002

# Все покупается и все продается . . .

Все покупается и все продается.
И то, что рыдает, и то, что смеется!
Все продается или подлежит обмену.
Все в этом мире имеет цену.
И слезы ребенка и искренность счастья,
Святая молитва и муки напастья,
Церковное пенье и ветер в окно,
Все на продажу и все сочтено!
Тебе улыбается девушка мило?
И мальчик страдает от жгучего пыла?
Не верь! И улыбку и огненный пыл
Уж кто-то приметил и кто-то купил!
Мы все на прилавке в истоптанной лавке!
Мы все уже троганы! Все уже проданы! . . .

2003

# Нешвилл

Всего несколько небоскребов
Вместо вечных московских сугробов.
Небо—та же простая картинка—
С голубыми глазами блондинка.
И игрушечные машинки
По дорожкам летают, как льдинки.
Одинокий и стройный фонарь
Смотрит вниз, как хоккейный вратарь . . .
Batman Building по-свойски близкий
Не по русски, а по-английски.
Все в порядке, пропали боли
От недуга тупой неволи . . .

2004

# Усекновение Главы Иоанна Предтечи . . .

Плясала девица нагая
Развратным танцем наяву,
И нежной ножкой колыхая,
Снесла Крестителю Главу . . .

Причем тут Ирод похотливый?
Он пьяным был и лишь хотел
Пощекотать ее шутливо
Без грязных помыслов и дел . . .

Нет Саломеи девы краше!
Хочу ее, она одна!
Но что скажу ее мамаше?
Вот стерва братова жена.

Совсем замучило страданье—
И ту хочу и этой жаль.
Обеих выполню желанье,
Вином залью свою печаль!

И оба нежные созданья
В их соблазнительном жару
Мгновенно выдали желанье—
Главу Крестителя к утру!

Не признаешь такой любови?
Приказ твой—истинный закон!
Главу на блюде, больше крови
И слушай сладострастья звон!

От страха Ирод поперхнулся
И моментально протрезвел.
От ужаса старик очнулся
И пуще зверя заревел!

. . . Но поздно. Доблестный слуга
Швырнул Главу к его ногам . . .

2003

# Собирайтесь!

Собирайтесь, друзья, собирайтесь!
И поедем в Америку дружно!
Не пугайтесь, друзья, не пугайтесь!
Подружиться нам, видимо, нужно!

Вас побьют и немножко потрявят,
Вас потреплют за нервные клетки,
Ваши нежные пальчики вставят
В узкий профиль заморской розетки!

Вы пройдете и голод и холод,
С тараканами выпьете кофе,
Вам покажут изысканный молот,
Что когда-то звучал на Голгофе!

И, поверьте, не будет ошибкой,
Прокатиться в авто по Бродвею!
Встретят вас лучезарной улыбкой,
Ваши думы мгновенно развеют!

Ни к чему друг на друга нам злиться,
Мы похожи, поверьте, похожи!
Лучше в песне единой нам слиться,
А не строить тоскливые рожи!


От депересий вас вскормят лекарством,
Чтобы стали мы все улыбаться,
Вы пресытетесь радужным царством!
Вас научат, поверьте, смеяться!

Собирайтесь, друзья, собирайтесь,
Все устали от речи невнятной!
Не пугайтесь, друзья, не пугайтесь!
И прогулка вам будет ПРИЯТНОЙ!

2004

# Что стоят рифмы и стихи?

Что стоят рифмы и стихи?
Что стоят трепетные трели,
Когда смердящие грехи,
Как свечки в Храме отсырели?!

Когда насилье крест кладет,
Когда молитва, как свистушка,
Как обольстительница-душка
На "покаяние" идет …

Когда глумятся и пинают
И для потехи напоказ
Христа прелюдно распинают
И каждый день, и каждый час!

Когда унынье душат блудом,
Младенцы верят в стариков!
И Голос Божий лечат чудом
Безумных магов и волхвов!

Когда отец крадет у сына,
Когда лишь золото в цене,
Когда бездушная детина
Стреляет в голову во сне!

Что стоят рифмы и кураж?
Что стоят трепетные звуки?
Сломался с треском карандаш!
Свои я умываю руки!...

2002

# Нет страшнее и горше оброка

Нет страшнее и горше оброка
Быть собой среди толпищ людей!
В осужденьи бродить одиноко
Среди судищ и лживых судей!

Нет страшнее и горше обмана,
Чем поверить ничтожной руке,
Через серую мутность стакана
Разглядеть силача в слабаке!

Нет страшнее и горше удела,
Чем к угоде безликих теней,
Мне лишиться и Веры и Дела
На закате стремительных дней!

Нет страшнее и горше обиды,
Чем на жизнь, промелькнувшую зря!
На насмешки лукавой Фемиды
И на гнев сатаны-блудоря! . . .

2002

# Американские спасатели

Ах, господа, уж вы ль не знали?
Не раздавить нас просто так!
Нас на Лубянке убивали
И рассылали на Гулаг!

Не затушить вам океаном
Внутри мятущуюся кровь!
За доллар не купить обманом
Вам нашу гордость и любовь!

Не лучшие из нас бежали
Спасаться на чужих хлебах!
Не нужно, чтоб меня спасали!
Сама спасусь в своих стихах!

2002

# Белобрысой девчонке . . .

Как много натуры звенящей,
Той, что только годна на убой.
Вдруг я вижу тебя настоящей,
Той, что может быть только собой!

И поверить глазам невозможно,
С кем встречаюсь на долгом пути!?
И иду я к тебе осторожно:
"Ты за глупости, право, прости!"

От слащавых устала картинок,
Что на офисном дремлют столе.
Ты светлей всех на свете блондинок!
И реальнее всех на Земле!

2007

# Маэстро Вандербилт

### 1

Избавил от российских бед
Заморский университет!
Красив он, статен и богат!
Живому мозгу вечно рад!
В аудиториях картины!
Вокруг мелькают лимузины!
В рубашке, видно, рождена!
Работать здесь награждена!

Профессора в седом обличьи
Шагают в собственном величьи!
Студентка-медик редкой стати
Стоит в приталенном халате.
Везде магистры, докторанты,
Лауреаты, дипломанты!
Наредкость я удивлена—
Шагаю среди них . . . одна . . .

Без языка, без гордой стати,
В дырявом, но еще халате,
С мозгами полными чертей
И необузданных идей!

И отличаю не без вкуса
Американца от индуса.
Вдруг, вижу, памятник стоит!
Ах вот Маэстро, Вандербилт!

Угробил он немало лет
На этот университет!
Нашел людей и деньги дал,
Чтоб мир ученый процветал!
Стоит, угрюмый, и молчит,
А про себя, небось, ворчит.
О чем печалишься, герой?
Храм знаний процветает твой!

Он собирает докторов,
Студентов и профессоров!
И эти, не сходя с ума,
Доводят дело до ума!
Прими, Маэстро, комплимент.
Ты выбрал нужный континент!
Ты строил славную страну,
Пройдя и голод и войну.

. . . Стою одна я в тишине . . . .
Маэстро улыбнулся мне . . .

2

Благодарю Вас за улыбку,
Но не сочтете ль за ошибку—
Немного критики, мой друг?

В глазах его возник испуг!
—Как эта дерзкая девица
Посмела на меня сердиться?!
Науки храм критиковать
И корифеев поучать?!

Явилась ты с какой уж стати
В своем поношенном халате?
Умойся, девушка, сперва,
И говори свои слова!
Необразована, с акцентом,
Величину с коэффициентом
Ты не умеешь различить,
А прибыла нас здесь учить!

—Простите Вы, Маэстро милый,
Мои совсем иссякли силы!
До Вас так долго я плыла,
Что чуть в пути не умерла!
Простите вид мой непристойный.
Халат дырявый, но достойный!
Поверьте, в нем я много раз
Спасала жизни день и час!

И я на вашем континенте
Случилачь, как в эксперименте!
Как я могу критиковать?
Такую мощь! Такую стать!
Не стану я писать петиций,
Устав от грязи и амбиций.
Поверьте, среди бела дня—

ВСЕ ОТОБРАЛИ У МЕНЯ!
Хотела только вас просить
Меня прогнать, но не забыть! . . .

Прощай, Маэстро! В горле—спазм,
В улыбке—горечь и сарказм!

2002

# Ностальгии Тарковского

Я зажженную свечу пронесу
И рядом с ней горящей умру,
Как Он . . .

Но хватит ли сил пронести,
Не поскользнуться в липкой грязи,
Как смог Он.

Он нес и пронес,
На небе Господь, на земле верный пес,
И никого . . .

Все слепы, все глухи, все немы,
Льется воск на бесчинства тьмы,
Топит все . . .

Россия моя!
Он зажег свечу на груди у тебя,
Помолись за него!

1986

# Ребенок гибнет на земле!

Ребенок гибнет на земле!
Кто виноват?
Холодный ужас на челе.
Кто виноват?

Случайность или просто миг?
Кто виноват?
Теперь убит, теперь погиб!
Кто виноват?

Не мать, не друг, не бог, не брат!
Так кто же в этом виноват?!

2002

# Самоубийство

*К фильму The Hours с Николь Кидман*
Скорей к реке!
Булыжники в карманы!
Письмо в руке!
В мозгу живые раны!

Скорей дыши!
Сырым песком и тиной!
Пусть будут камыши
Последней паутиной!

Написаны слова
О жизни и безумьи!
Застыла голова
В немом благоразумьи!

Заветная мечта!
И верная отрада!
Настала пустота!
И слышен топот ада! . . .

2003

# Сон

Он твердо идет по тропинке,
В Храм, к Литургии спешит!
Я вижу его у калитки,
Которая раной кровит!

Бегу за ним, что есть силы,
Ноги сами несут!
Отец Александр, милый,
Я Вас непременно спасу!

Звериные вижу лица,
Из ноздрей свирепый пар!
Топор обнажает убийца,
Смертельный наносит удар!

От боли слабеют ноги,
За шиворот льется кровь,
На той злосчастной дороге
Моя победила любовь!

От радости тело немеет,
К калитке пытаюсь ползти!
Отец Александр успеет
На Литургию дойти!

Он Таинство Евхаристии
Свершит сегодня в любви.
Я вижу кровавые листья,
Но, к счастью, в моей крови.

Сон даровал мне силы,
В нем не было горя того.
Гроба, рыданий, могилы . . .
Он жив! Я спасла его! . . .

1990

# Кровавый дождь . . .

Капали капли дождя,
Песок размывая . . .
Капали капли дождя,
Скорбь воскрешая . . .
На тропинку, на дом и лес
Капали слезы с небес!

А вчера здесь капала кровь
На этот самый песок.
Горячая капала кровь
На сухой осенний листок,
На тропинку бездушного века
Капала кровь ЧЕЛОВЕКА!

И не было здесь никого!
Никого, никого из людей!
И не было здесь никого
Только праведник и злодей!
Один замышлял убить,
Другой Литургию свершить . . .

Капали капли дождя,
Кровь размывая.
Капали капли дождя,
Скорбь воскрешая . . .
На тропинку, на дом и лес
Падали слезы с небес . . .

1990

# Не путай одно и другое...

Не путай одно и другое:
Свинья не услышит псалма!
Зловонную грязь и помои
Не лей на ступеньки Храма!

Стихов не поймут манекены,
И с Божиим не смешивай ада!
Не путай раскрашенной сцены
С дождем Гефсиманского Сада!

Знай цену и Духу и злату,
Молись, чтоб не спутать дорогу!
И помни, вручая плату,—
Не кесарю Божьим, а Богу!...

2003

# В этой сутолоке момента

В этой сутолоке момента,
В этой буче ингредиента,
Через сотни жизненных верст,
Я пытаюсь нести свой Крест,
Много лет у меня украли.
Те законы, что выше морали!
Вновь до Пасхи с Господним Крестом,
Я шагаю Великим Постом . . .

2009

# Все дело не в длине . . .

Все дело не в длине,
А в высоте полета,
Не в ширине, не в болтовне—
В работе до седьмого пота.

У мудрости закон один:
Простить за мелочь, бить за дело,
Младенчество и седину
В поступках различать умело.

Тупого в рабстве придержать,
А умному открыть дороги,
Девчонкам разрешить рожать
И оторвать всем шлюхам ноги.

Учить Любви, учить Добру,
И постоять за правду делом,
А тем, кто липнет ко двору,
Назначить место за пределом.

Для чистых—проще быть,
Для гадов быть загадкой,
Собой с друзьями быть,
Стелить с врагами гладко . . .

И верить, верить глубоко
В премудрость дивного Творенья
И видеть, видеть далеко,
На годы, судьбы, поколенья . . . .

2005

# О новом применении FMRI в психиатрии и психологии

Если написать на крышке гроба: "Крышка пианино",
То как изменится сигнал FMRI?

Если написать на обложке Библии: "Иуда спас
Христа"?
То как изменится сигнал FMRI?

Если написать на клетке с кроликом: "Мышь",
То как изменится сигнал FMRI?

Если написать на манекене: "Человек"?
То как изменится сигнал FMRI?

Если кровью написать: "Зеленый",
То как изменится сигнал FMRI?

Если на русской написать: "Американка",
То как изменится сигнал FMRI?

Если на невинного сказать: "Повинен смерти",
То как изменится сигнал FMRI?

Если на лбу у 100-летней старухи написать: "Девочка",
То как изменится сигнал FMRI?

Сосуды слишком сильно переполнились кровью
и . . .
ЛОПНУЛИ. Это инсульт . . .
Все знают теперь, как изменится сигнал FMRI.

2002

# Неравный поединок...

Я хочу быть нежна и покорна
Таков любящих женщин удел.
Как рапирой ты машешь проворно,
Так проворно ты мной овладел!

Ты несмело идешь на сближенье,
Лишь уколами жалишь слегка!
Жаждет выиграть большое сраженье
Бывалая в битвах рука!

Защитьться смогу едва ли
От стремительных опытных рук,
Почему-то желанными стали
Твой прорыв, мой внезапный испуг...

Ты жестоко вонзаешь шпагу,
Как безумец в нелепом бреду!
И прославишь свою отвагу,
Когда я к ногам упаду? . . .

Исход поединка я знаю—
На ковре окровавленный след . . .
Но растоптанной быть не желаю,
Новой жертвой привычных побед!

1990

# Если вы отмените . . .

Если вы отмените Россию,
То я все-равно не перестану мечтать о доме!

Если вы отмените Бога,
То я все-равно не перестану верить в Него!

Если вы все заговорите вдруг по-русски,
То я все-равно не поверю, что вы русские!

Если вы отмените свои доллары,
То я все-равно не поверю, что вы живете чем-либо
еще!

Если вы отмените мою мечту,
То я все-равно не перестану мечтать!

Если вы отмените мое Дело,
То я все-равно не перестану делать!

Если вы отмените меня,
То я все-равно не перестану любить!

2003

# Я мечтаю, чтоб мы были вместе...

Я мечтаю, чтоб мы были вместе
В этом страшном огромном мире!
Чтоб слагали стихи и песни
Чтоб смеялись, дерзали, творили!

А ты о другом мечтаешь,
Опасаешься все чего-то
И лишь изредка повторяешь
Не все в нашей жизни так просто.

А я мечтаю в печали,
Чтоб разрушились все оковы,
Чтоб друг друга мы понимали
С полумысли и с полуслова.

А ты, как по нотам читаешь
Цепь препон, недоступных глазу
Также правильно повторяешь
Не все тебе, друг мой, сразу.

А во сне мои светлые грезы
Прерывают все чаще покой,
То надежда, то жгучие слезы
Топят воска налет сухой.

А ты улыбкой встречаешь
Детский лепет в нескладных словах,
И настойчиво повторяешь,
Жизнь смешно понимать в мечтах!

А она в суете беспечной
Растворяет все наши мечты,
В ее логике безупречной
Растворяемся я и ты . . .

1988

# Много званных, да мало избранных

Хочу пива на каждый день,
А огурчики с постной кашкою?
Не готова я в тридцать семь
Стать примерною топ-монашкою.

От судилищ отбоя нет,
И на Родине, и в изгнании,
Тридцать семь бесподобных лет
Протекают в тупом страдании.

То бегу я, то прячусь от глаз,
То молитвы читаю с усердием
Начиная с нуля много раз,
Свои песенки петь с милосердием.

И совсем не кривлю я душой,
И, действительно, верю в бессмертие,
И мечтая о жизни большой,
Не желаю безвременной смерти я!

Лицемерный, растоптанный мир,
Кто тебя так устроил лукаво?!
Приглашенным на званный пир,
Все-равно восклицаю я: "БРАВО"!

2007

# На краю . . .

И вижу лица—жир и пот,
Не устает безумный рот
Клевать, смердить, уничтожать!
Хочу лететь! Хочу бежать!

Куда? В домашние края,
Где много раз погибла я?
Или нестись за океан
Под иноземный ураган?

Куда бежать? Кому кричать?
А, может, лучше замолчать?
Затопят кровью и убьют
Или до смерти заклюют!

И здесь и там спасенья нет!
Здесь льется жир, там меркнет свет!
Так, может, лучше постою
Там, где пока еще стою? . . .

2002

# Downtown Chicago

Открывается утроба
Чудо-монстра небоскреба,
И от самой от вершинки
Чудо катятся машинки!
Рядом Храм стоит с крестом,
Целомудрен, как постом!
И в прекрасной наготе
Толь "Babètte" толь "Babettè"
Я на уличной парковке
Замечтала об обновке!
И еще звонил сынишка,
И еще читалась книжка!
Вот и небо просветлело
И в Чикаго все за дело . . .
Кто в коробке ночевал . . .
Кто с буритто пировал . . .
Я в Чикаго, Господа!
Прилетайте к нам сюда!

2008

# Маниакальная шутка

Я никогда не буду старой!
Я буду вечно молода!
И мужики большой отарой
Будут бродить за мной всегда!

Я никогда не буду нищей
Молить о помощи отца!
И буду угощать я пищей
Всех вас из царского дворца!

Я никогда не буду скучной
Ни под венцом ни на краю!
И песней угощу вас звучной!
Я вам станцую и спою!

Мне никогда не будет больно
Ни от руки ни от ножа!
Не закричу я вам: "Довольно!"
Под звонкой плетью чуть дыша!

Мне никогда не будет стыдно
За мои слезы и любовь!
И будет всем врагам обидно
За мое счастье вновь и вновь!

Я никогда не заболею!
И никогда я не умру!
Молитвой праведной взлеею
Свой дух и в стужу и в жару!

Святая я иль проститутка?
Спешу я в рай иль в никуда?
Простите, это просто ШУТКА!
Я пошутила, господа!

2002

# Любовнице большого человека

Что может быть за причина?
Как монашка Великим Постом.
Рядом с Вами такой мужчина!
Нужно выглядеть на все сто!

Не прическа, а липкие плети.
Может вытошнить даже любя.
Ну-ка бросьте-ка штучки эти
И возьмитесь-ка за себя!

Нет дела до Ваших нагрузок.
Отвратительна женская лень!
Да, купите ж себе пару блузок
И меняйте их каждый день!

В парикмахерскую сходите,
За косметикой сделать вояж!
За прической своей следите
И чтобы каждый день макияж!

Чтоб мог он уставшим взглядом,
Видя Ваш вид, отдыхать,
Чтобы женщину чувствовал рядом,
Не привыкшую лошадь пахать!

Чтоб шармом ему небрежно
Доставляли Вы радость земную,
И чтоб обнимал он нежно
Русалку, не водяную.

Лишь в порядок себя приведете,
Вы не сможете не понравится!
Чтоб ему помогала в работе
И умница и красавица.

Что может быть за причина?
Вы сумеете—дело просто!
Рядом с Вами такой мужчина!
Так давайте же на все сто!

1993

# Мечта

Я хочу быть задорным мальчишкой,
А не грубым дурным мужиком,
Со своим 5-летним сынишкой
По росе пробежать босиком!

Мчаться кубарем и по-пиратски
Бой давать раскоряченным пням!
Из своей самой лучшей рогатки
Промах дать по лихим воробьям!

Плавать в лодке, плескаться в речке,
Слушать сказки седых старичков,
И толстеть на растопленной печке
От румяных тугих пирожков!

Драться, если обидят малышку,
Бегать в рое лихой детворы,
И до дырок любимую книжку
Прочитать от коры до коры!

Я мечтаю быть славным мальчонкой!
Ты, Хоттабыч, за просьбу прости!
Я согласна быть даже девчонкой,
Только б бегать, смеяться, расти! . . .

2002

# Медсестричка

Обиды и горя не зная,
В лечебнице убогой неспеша,
Трудилась сестричка Марья
Не советская, а русская душа.

Пустое в логике искать ошибки,
За те ничтожные гроши
Не купишь и скупой улыбки,
Не то что искренней любви.

Больные плачут: "Маня, надо ль
Служить так праведно тебе?"
А Маня: "Высшая награда
Господня благодать в душе!"

Горит самоотверженно и кротко,
Как в Храме тихая свеча,
И только от бессилья плачет горько,
Когда больные гибнут по халатности врача . . .

1991

# От вдохновенья до паденья

От вдохновенья до паденья
Шаг один . . .

От праведности до растленья
Шаг один . . .

От веры до безверья
Шаг один . . .

От искренности до лицемерья
Шаг один . . .

И от любви до ненависти
Шаг один . . .

От похвалы до лести
Шаг один . . .

Во всем от чистоты до мерзкого разврата
Один лишь шаг!

А я хочу шагать обратно
И буду так!

1981

# Тропинка вьется ручейком

Тропинка вьется ручейком,
Покоем теплым дышат ели.
По склону дети босиком
Бежат к заброшенной качели.

Мне надоели кандалы
Тоски и муки безысходной!
Хочу бежать и быть свободной
От всех измен и грязной лжи!

Хочу качаться в птичьем гаме,
Парить и от восторга петь!
Хочу лишь детскими глазами
На весь жестокий мир смотреть!

Мне страшно, больно и обидно
Продать себя любви пустой
И изменить Любви Святой—
За похоть Дух распять бесстыдно!

Лелею детскую мечту
До звона раскачать качели!
В своем безудержном бреду
Взлететь, подняться выше ели!

И накачавшись пьяной всласть,
Надеждой детской окрыленной,
На землю тихую упасть,
Упасть и умереть спасенной!

1990

# Клиническая смерть

Когда я счастлива была?
Когда однажды умерла.
Вообще я умирала дважды,
Но счастлива была однажды!

Когда мне было так тепло,
И тело, бренно оставаясь,
К дыханью жизни не влекло,
Мне на прощанье улыбаясь . . .

Тогда мне было так легко
Покинуть боль в уродском теле.
Я задышала глубоко и полетела высоко!
Нет, не во сне—на самом деле!

Мои спасатели вокруг
Внезапно трепетно ожили.
Дефибриллятор-трупа друг
Вмиг до постели дотащили.

Смешные, глупые шуты,
После разрядов остывая,
Открытыми держали рты,
Мой труп терзать не уставая.

—На мониторе нет кривой!
На мониторе есть прямая!
Отход! Разряд теперь большой!
Нет, ничего не помогает!

—Она уходит! Вдарь еще!
—Не ухожу, а улетаю.
Кончайте с этим, дурачье!
Идет, сама себя спасаю!

Я маму вижу на полу,
Кричит соседка, вхруст отчаясь.
Лечу к стене, лечу к столу,
И в тело мягко возвращаюсь . . .

Вновь его тяжесть, боль в груди,
И крики глупые кретинов:
—Она живая, погляди!
Вот молодчина, Константинов!

—Кто молодчина, ты сказал?
Я вдруг внезапно просыпаюсь
И вижу мамины глаза,
И с Господом своим прощаюсь . . .

Когда я счастлива была?
Когда однажды умерла . . .

2002

# Ты говоришь

Ты говоришь не с властолюбьем, а со властью.
В твоих глазах решительность и сила
Ты знаешь цену счастью и ненастью
Ты знаешь то что будет, есть и было.

Твой ум и вера наповал сражают
И гордого юнца и мудреца седого.
Твоя улыбка светом поражает
Ей покорить способна ты любого!

Твоя страна красива, благородна,
Законы праведны и тем угодны Богу,
Ты аристократична и свободна
Ты знаешь направленье и дорогу . . .

2009

# У камина с книгой посижу я . . .

У камина с книгой посижу я,
Забывая обо всем на свете!
Об одном лишь Господа прошу я,
Чтобы не болели наши дети . . .

Чтоб с улыбкой с мячиком играли,
Чтобы в школе получали знанья,
Чтоб ни на минуту не узнали,
Что такое боли и страданья!

Тихие церковные мгновенья,
Колокольный звон под звуки пенья.
У священника прошу благословенья
Я на труд и долгое служенье . . .

2009

# Исповедь

К чему мы стремимся, о чем мы мечтаем?
Чего мы боимся, зачем побеждаем?
Гоняемся вечно с усердьем примерным
За суетным, грешным, порой эфемерным.
И локти с досадой и яростью гложем,
Когда удержать своего мы не можем.
И нет нам прощенья, и нет нам пощады
За суетность, глупость безумного ада!
А нужно ОДНО вопреки пустозвону—
Наш взляд обратить на святую икону,
Воскликнув всем сердцем, греха не тая:
Пусть, Господи, будет лишь Воля Твоя!

2009

# Мы пытаемся идти по белому чистому снегу

Мы пытаемся идти по белому чистому снегу,
Но почему-то спотыкаемся и падаем лицом в грязь.
Откуда взялась эта грязь на белом и чистом снегу?
С лица капает кровь прямо на снег и грязь,
Кровь перемешана со слезами боли, а поэтому она
не такая красная,
Нашей крови никто не замечает, а только размытая
грязь на снегу . . .
Мы поднимаемся и пытаемся идти дальше,
Но боль не дает нам двигаться, и грязь прилипает к
ногам.
Мы отрясаем все липкое с наших ног и продолжаем
идти.
"Как тебя зовут?"—кричит кто-то в спину.
Меня зовут, а, впрочем, это неважно, зачем вам знать!?
Я просто одна из тех, кто пытается ходить по белому
снегу,
Я просто одна из тех, кто пытается не чувствовать боли,
Я просто одна из тех, кто не понимает, откуда
взялась эта грязь на белом снегу,
Я просто одна из тех, кто еще дышит и верит.

Ноги становятся крепче, кровь останавливается,
слез не хватает.
"Это просто жизнь!"—кричат мне во след.
Я оставила след? А, это значит, я все-таки
продолжаю жить . . .

2004

# Наталке

Наташа, милая Наталка!
Опять твой звонкий слышу смех!
В улыбке—искорки, в глазах—смекалка!
Простая, милая и лучше всех!

Нет, ты, поверь, совсем не изменилась!
Осталась и теперь самой собой!
Небесным облачком в ручей спустилась
И зажурчала капельной росой!

Как легкий лепесток трепещет у истока,
Так в устье свет от солнышка слепит!
Близка ты также, как летишь высоко,
И сердце ласку, как любовь дарит.

Березкой белой бурный вихрь встречала!
Плескались волосы весеннею листвой!
Но рассвело—и ты еще прекрасней стала!
Преобразилась разумом, душой!

И молодость кипит, играет в каждой жилке!
О, небо, путь лишь счастьем орошай!
Свети, гори, пленяй, о лучик пылкий!
Сквозь сумрак вечную надежду проливай!...

1988

# Все кричат

Все кричат: "Она слишком спесива!"
Кто-то крикнул: "А, может, умна?"
Кто-то бросил: "И даже красива",
И спросил: "Неужели одна?!"

Покровители, деньги, бриллианты,
Мутный ряд неотчетливых лиц,
Продаются любовь и таланты
Под грохочущий звон колесниц.

Вот убийца прилично одетый,
Вот и свита прожорливых ртов,
Вот и блеск золоченой кареты,
Вот телами наполненный ров.

Лысый дядя с букетом тюльпанов
Сладострастно трясет головой.
Тусклый блеск недопитых стаканов.
Мух смердящих назойливый рой.

Саша Кидд

Все кричат: "Ну, давай, улыбайся!"
Кто-то крикнул: "И прямо ходи!"
Лысый дядя шепнул: "Раздевайся".
И добавил: "Любовь впереди . . ."

2003

# Из чего только сделана девочка

Меня кто-то сделал из стали,
И хоть тысячу раз ломали,
Я осталась себе верна,
Как звучащая песней струна . . .

Меня кто-то сделал из пепла,
Сжег, когда я еще не окрепла,
Но удобрилась мною земля,
И теперь растут тополя . . .

Меня кто-то сделал из боли,
Распинал и держал в неволе,
Но забылась я сладким сном,
И приснился мне отчий дом . . .

Меня кто-то сделал из мела,
Я чернела, краснела, белела,
Но сынишка меня подобрал
И картинку нарисовал . . .

2003

# Уж куранты двенадцать пробили!

Уж куранты двенадцать пробили!
В Новый Год не хотим мы ненастья!
Хороши или плохи мы были—
Всем желаем щенячьего счастья!

Чтобы соска светилась под носом,
Чтобы гладили нас и холили,
Не томились дурацким вопросом:
Как мы жили и что мы творили?

Пусть повесился кто-то от муки,
Прямо рядом, на счет "три, . . . четыре",
Бьют Куранты! С шампанским мы руки,
Поднимаем в соседней квартире!

В год Дракона—драконьего рыка!
В Год Собаки—удачи собачьей!
В Петуха—петушиного крика!
В Поросенка—фортуны свинячей!

2006

---

# Мне кажется, что я устала

Мне кажется, что я устала
Играть, обманывать, служить.
Сверкая белизной крахмала,
По сцене стоптанной кружить . . .

Свои надежные доспехи
Курчавой пеной натирать,
Кривляться для чужой потехи,
Фальшивый жемчуг собирать . . .

Бояться безысходным страхом,
Молиться неуклюжим ртом,
Дышать смердящим трупным прахом
То в одиночку, то гуртом . . .

Мне кажется, что я устала,
Но разве смею я устать!
Как раньше я не уставала!
Так и теперь—не уставать!

2002

# Знакомой . . .

И ходит молиться в Храмы,
И внешнюю мину блюдет,
Но вот продает спектрограммы
За граммы себя продает . . .

То Сэму, то Джону, то Биллу,
Иванов ей здесь не найти,
Профессиональную силу
Находит на этом пути.

Чтоб грант протолкнули повыше,
Статьи чтоб лились ей ручьем,
Чтоб дом, и фундамент и крыша,
Стояли на месте своем . . .

Зачем это все? Пустозвону?
Продав всю себя с молотка,
Поднимется взгляд на икону?
И в крестном знаменьи рука? . . .

2006

# Двадцать долларов в конверте

Двадцать долларов в конверте
В голове галиматья!
Мне враги желают смерти
И приветствуют друзья!

Тот же бар с хоккейной клюшкой,
Сигаретный дым седой,
Собутыльники под мушкой
И барменчик молодой . . .

Вандербильдская дорога
Справа—"Boskos", слева—store
Прокачусь еще немного
На зеленый светофор . . .

2008

# Отцу

Громких слов и речей не надо
В этот светлый и добрый день
Мой милый Отец, мой Папа
Говорю спасибо тебе.

За то что в науке упрям ты
И пронырливости нет,
За то, что в карман не клал ты
Позорный партийный билет,

За то, что не пресмыкался
Пред владыками властных миров,
За пустой карьерой не гнался,
Не успел накопить чинов,

За то, что средь блеклых масок
Сохранил ты свое лицо,
Не использовал лживых красок
Подхалимов и подлецов!

За то, что горько страдал ты,
Когда лучший друг предавал,
Но зла никому не желал ты
И по крупному счету прощал.

Спасибо тебе, мой Папа
На перекрестке дорог
За то, что нашел ты маму
И 25 лет берег!

За то, что так дерзко и смело,
Наперекор всем врагам,
Ты создал прекрасное ДЕЛО
На радость семье и друзьям!

Спасибо ничтожная плата,
Но законы правды просты.
Мой милый Отец, Мой Папа,
Хочу быть такой же, как Ты!

1990

Саша Кидд

# Психоз

Тяжелые звуки . . .
Беззвучные мысли . . .
Холодные муки . . .
И руки обвисли . . .

Таинственный шепот . . .
Тугие движенья . . .
Беспомощный ропот . . .
И тень отраженья . . .

Густая молитва . . .
Живая прохлада . . .
Окончилась битва . . .
Настала отрада . . .

И вновь грубый топот . . .
И вновь сотрясенья . . .
И дьявола гогот . . .
И нет мне спасенья . . .

2003

# Вновь атака бесов отбита!

Вновь атака бесов отбита!
Появляется твоя свита.
Я свои поднимаю лапки,
Облачаюсь в какие-то тряпки,
Чтоб освоив науку эту,
Одеваться по этикету!
Ты сама в ослепительно белом
Меня в жизнь возвращаешь делом.
И пускай все смешно и комично
Скорость мы набираем отлично!
Ты на джипе, а я на шкоде . . .
Честь отдали лукавой моде!

2007

# Скажи . . .

Скажи, ты оставишь меня,
Когда отвернутся все,
Когда среди белого дня
Плевать в лицо будут мне?
Скажи, ты оставишь меня?

Скажи, ты спокойно уйдешь,
Закроется дверь за тобой,
И строчки мои перечтешь,
Чтоб твердой и верной рукой
Их бросить затем в огонь?
Скажи, ты, правда, уйдешь?

Скажи, ты поверишь им,
Как Петр отречешься вновь?
Не хочешь словами—молчи.
Я услышу твою любовь . . .

1989

# Кардиохирургу...

Так повелось, что с детства
Я Бога за Вас прошу
И теперь исцеленное сердце
Я в подарок Вам приношу!

Ровный пульс его можно измерить,
Оно знает, как искренним быть.
Научилось страдать и верить,
И не может Вас не любить!

Им в труде постигаю науки,
Не теряя ни ночи ни дня!
Я тихонько целую Вам руки,
Не сердитесь за то на меня...

1985

# Закат, и мы с тобой вдвоем

Закат, и мы с тобой вдвоем
Танцуем, учим и поем . . .
Рассвет, и с каплями росы
Считаем счастья мы часы . . .

Мечтаем, празднуем, молчим,
Под нос слова любви бурчим,
И молимся погожим днем,
Опять с Тобой, опять Вдвоем!

Стихи, бумага, карандаш,
Твоя улыбка, мой кураж!
Вновь зарифмованной строкой
Я будоражу твой покой!

Лучи сверкают здесь и там,
Собой Ты наполняешь Храм!
Светлеют даже образа,
Когда смотрю в твои глаза!

Рисунок "Вместе" на стене,
Ко мне являешься во сне!
Тобой живу, тебя молю,
Тобой дышу, Тебя Люблю!

2000

# На прощание . . .

Пусть будет хорошо тебе,
С другой ли, одному—не знаю.
И как не безысходно мне,
Тебя, поверь, не проклинаю . . .

Я помню радость лучших дней,
Твое неловкое волненье,
И первый взрыв в груди моей,
Неловких губ прикосновенье . . .

Я помню жгучие мечты,
Твое неровное дыханье,
И молчаливые цветы,
И первые слова признанья . . .

Я помню верности слова,
Твой взгляд пред аналоем тайный.
Поющие колокола!
Пьянящий обморок венчальный!

И первый наш рассвет вдвоем,
И солнца вьющиеся звуки,
И непривычно теплый дом,
Твои заботливые руки . . .

Как горя тяжесть на двоих
Мы разделили без остатка,
О муках тягостных своих
Друг другу плакали украдкой . . .

Пусть будет хорошо тебе
С дугой ли, одному—не знаю,
И как не безысходно мне,
Тебя, поверь, благословляю . . .

1991

# Какие чудесные облака

Какие чудесные облака,
На сказку они похожи,
Плывут, улыбаются нам свысока,
Раскинувшись белой порошей.

Что видят гонимые ветром стада,
Тех волон бескрайних небесных?
В просторе не встретят скалистых преград
Для взора и кликов безвестных.

В них радость и свет, само счастье живет
Достигли вершины блаженства,
Свобода, как птица, парит и поет!
Есть небо их Храм совершенства . . .

1977

# Дело

До Вас я донести хотела
Одно серьезнейшее дело.
И донесла, и отдала,
И в сладкой неге умерла . . .

Меня Вы приняли, и дело
Воткнули в жизнь довольно смело,
Награду принялись носить,
А вот меня—не воскресить!

2002

# Грязь легче липнет к чистоте

Грязь легче липнет к чистоте
И надоели стервы-шлюхи.
Их телеса уже не те,
А похоть тянет к молодухе!

В бордели грязные ходить
Устал от вечной пустоты.
Болезни разные лечить . . .
Возжаждал барин чистоты!

Он денег много накопил,
Купить любую может шлюху,
А от девчонки получил
Наш дивный барин оплеуху!

Куда ты, барин, дни ушли,
Пакуй молитвы в фолианты.
В любви тебе не помогли
Твоя "Виагра" и бриллианты.

Ты много пожил, многих знал,
Теперь пора себе признаться,
Что кровь не раз ты проливал,
Чтоб до желанного добраться!

Не корчи чудо-молодца!
Не корчи рыцаря в булате!
Воняет хлипкая грязца
В твоем поношенном халате!

Оставь надуманные муки,
От похоти глаза кривы!
Куда ты, барин, тянешь руки?!
Они давно уже мертвы!...

2002

# Смех сквозь слезы . . .

Начну я с прегрешения
Или какой ценой
Наладить отношения
Решился Кларк со мной.

Противный он и толстый,
Как вся его родня,
Но нюх имел он острый
И подстерег меня . . .

—Давай-ка, раскрасавица,
Спущу тебя я вниз
И хоть тебе не нравится,
Но делай мне стриптиз!

Устал тебя я милая,
Словами убеждать,
Возьму тебя я силою,
Давай мне угождать!

Порадовать мне нечем
Российскую красу,
Ведь простудил я печень
В атлантовском лесу!

И "этим аппаратом"
Я тоже не бом-бом—
Сниму "фотоаппаратом"
И положу в альбом!

Ты что-то недовольна?
Иди, изобрази!
А то ударю больно
И вымажу в грязи!

Я встала на молитву
И Бог мне угодил!
Мой Кларк большую бритву
На что-то уронил!

Кровит его "пронатор",
Кричит мне: "Помоги!"
А я на элеватор
Возьми и убеги . . .

А там, когда остыла—
Домой за океан,
И что там дальше было
Не знать ни мне ни вам . . .

2003

# Панель

Ну вот, и время на панель
Стелить буржуйскую постель!
Всегда найдется хитрый лис—
Такой, как доктор ДеКаприс!
Дрожжит от похоти рука!
Нашел дешевле? Ну, пока!
Хотел когда-то мне помочь
И тыщу предлагал за ночь!
Тогда дороже я была,
И непреступна, как скала!
За чистоту настала месть—
Ведь мой ребенок хочет есть!

Да подождите, господа!
Мое вам не услышать: "Да"!
Доллары ваши не слепят!
Пусть ваши шлюхи с вами спят!
Я из России, господа!
Мне голод, холод не беда!
Я хуже не видала дряни!
И заберите ваши мани!
Кричу я вам по-русски вслух:
"В России не бывает шлюх!"
Талант вы обобрали мой!
Что ж, уезжаю я домой! . . .

2002

# Нет уж сил эту ношу нести

Нет уж сил эту ношу нести,
Мы объяты тяжелым недугом.
Господи, ты нас прости,
И позволь надышаться друг другом!

От бесстыдства избавит хмель,
Ночь-союзница время уступит,
И помнется чужая постель,
И мучительно утро наступит.

Грех надломится жесткой рукой,
И с рассветом, очнувшись от снов,
Ты уйдешь улыбнуться другой,
Бросив мне горстку правильных слов . . .

1995

# Грубый выкрик

Чтоб дети в США не уезжали,
Чтоб задницы чужие не лизали,
Чтоб никогда буржуйские скоты
Не обращались с русскими "на ты"!

Чтоб венчанных семей не разрушали,
Не пели нашим бабам "трали-вали",
Английское тупое "улю-лю"
Не затыкало б наших шей в петлю!

Чтоб иммиграцию не путали с курортом,
Чтоб не желали быть здесь "третьим сортом",
Отпор давали б грязному цинизму,
Любили бы лишь Бога и Отчизну!

2006

# Американские ученые

И что-то, видно, я устала
От языка чужих пенат!
Загадку я не разгадала,
Кто обобрал, кто бил в набат!

Один "ученый настоящий"
Не кролик не пушистый кот,
Так, старичок себе брюжжащий,
Кто ж по-английски разберет.

И лысина его сияет
По всему местному селу.
От биофизики воняет
Фармакологией в углу.

Другой—немного помоложе—
Дудит в транспортерный рожок,
И ученик того, похоже,
Так, полутень-полубожок.

И тоже лысиной сияет,
Не только лысиной похож!
Со всего мира собирает,
И обирает молодежь!

И что-то, видно, я устала,
Ученый надоел разврат!
И, Слава Богу, не узнала,
Кто обобрал, кто бил в набат!

2002

# Американскому психиатру

Спасибо дядя, добрый доктор!
Моя удача решена!
Подай мне милый, дядя доктор,
Ты сигаретку иль вина!

Ты психиатр иль эпилептик?
Кто Гарвард доблестно прошел?
Подай мне также нейролептик
И к черта-матери пошел!

Ты что стоишь, мое мученье?
Вали отсюда подобру!
Ах, плату нужно за леченье?
Ее пришлют тебе к утру!

Когда засунешь в пухлый ротик
Ты свой излюбленный багель,
Тебе, мой ангел или котик,
Швырну доллары на постель!

Опять пришел? Тебе все мало?
"Consent Agreement" подписать?
Мозгов и крови не хватало?
Бери! Вот подпись, ставь печать!

2002

# Вопрос

Зачем приехала сюда я?
Чтобы себя за цент продать?
Чтоб в джунглях сумрачного рая
Мне заблудиться и страдать?

Чтоб надо мною посмеялись
Мои коллеги и семья?
Чтоб дяди Сэмы издевались
И в слух порочили друзья?

... Да, нет, приехала сюда я
Понаблюдать за жизнью крыс,
И в дебрях клеточного рая
Стихи им написать на бис!

Да, нет, сюда я прилетела,
Чтоб на английском языке
Им описать и жизнь и дело,
Чтоб обобрали в уголке!

Да, нет, сюда я прибежала,
Чтоб мой хваленый адвокат
Закона показал мне жало,
Что круче нашего в сто крат!

Да, нет, сюда я так стремилась,
Узнать врагов большой страны,
Чтоб очень сильно удивилась—
Они такие же, как мы!

У них есть уши, рот и зелень
Не та, что на ветру шумит,
А та воняющая зелень,
Что липнет к пальцам и шуршит!

Весь мир сошел с ума, похоже,
Мир, как еврейская родня,
Бежит в Америку! О Боже!
Мечтами сладкими звеня!

Зачем приехали сюда мы?
Я, как и вы, им не нужна!
Спрошу-ка у жены Обамы
Она уж точно знать должна . . .

2011

# Американский псих

У больного нету чувства нормы,
В голове одна белиберда.
Со своей он сдвинулся платформы
И летит оттуда вникуда . . .

Он когда-то был силен и весел,
Наслаждался играми ума,
А потом мозги на крюк повесил,
И, бедняжка, сдвинулся с ума . . .

Не винит ни черта он ни Бога,
Сам себе создал порядок свой.
Широка бредовая дорога—
Сам король, сам тешится собой.

Тяжела другим его "гениальность"—
Не понять, не разгадать, не жить!
Тяжела реальности реальность—
Не вздохнуть и не заворожить . . .

Саша Кидд

Может, доктор молодой найдется,
И, поняв беднягу одного,
Не наукою, а чем придется,
Он случайно вылечит его . . .

2002

# Весна

Весна! Лишь первое ее дыханье!
Лишь первый взгляд из-под сугробов тайный!
Не ведает никто, она уже пришла . . .
Послушайте ее, вдохните глубже свежесть!
Не уж не чувствуете, как на солнце нежась,
Из первой радости она росток свила,
И день рожденья свой зиме не отдала!
Пролила лучик солнышка в ложбинку,
Теплом и светом растопила льдинку,
Любовью обогрела небеса!
Встречайте, радуйтесь столь жданной встрече!
Суеты зимние осталися далече,
Струится ручейком студеная слеза . . .
Зима прошла, идет весны краса!.

1985

# Куда же я угодила?

Куда же я угодила?
С чужбины в красивый снег?
Судьба меня проводила
Из Нешвилла, да в Бишкек . . .

Обратно мне нет дороги
В безоблачную синеву,
Шагали уставшие ноги
Из Нешвилла, да в Москву . . .

Но нет ни Москвы ни дома,
Чужбина и здесь и там
На нарах скрипит солома,
У двери дремучий хлам . . .

И странствием не измерить
Всю горечь измученных лет,
Но я не устану верить
В мое избавленье от бед . . .

2007

# Кажется, кажется, кажется...

Кажется, кажется, кажется,
Все это с нами впервые,
Плещется искрами море,
Горы лаская немые...

Мечется, мечется, мечется
Галька под пеной волны.
Светится, светится, светится
Око далекой луны...

Верится, верится, верится,
В наших несмелых мечтах,
Встретятся, встретятся, встретятся
Искорки в наших руках...

2006

# Пустяшная болезнь

Вот и признаки мракобесия,
Когда все вокруг все-равно.
Пустяшный недуг—депрессия!
Как легко лечить от него!

Избалованная особа
Целый день на кровати лежит,
Ужасается крышкой гроба
И сама над собою дрожжит!

Ах, как хочет разжалобить публику!
Достучаться до чутких ушей!
Дайте этой особе по бублику
И гоните-ка, стерву, взашей!

Пусть толкает тяжелые камни,
Молоко из коровы цедит,
Пусть отдраит зловонные ставни,
А то дома в печали сидит!

Пусть прочтет хоть четыре строчки
Этот доктор хваленый ваш.
Пусть отгладит для сына сорочки!
Стоит грош ее лень и кураж!

—А вы слышали, дамочка эта,
Ну, да, эта—живой анекдот—
Быстро сгинула, дура, со света:
Суицид и летальный исход . . . Вот.

2002

# Любовь подруги

Не посматривая вскользь на меня,
Ведь прекрасно знаешь, что вижу!
Не его, нет, счастливой тебя!
Безразличьем, поверь, не обижу!

Ветерок размывает листву
На березке коры белоснежной.
Он подобен весеннему сну
И улыбке твоей безмятежной...

Мой удел—лишь поток книжных строк,
А вокруг беготня, суета...
Так откуда ж нежданный восторг,
Вдохновенье, экстаз и мечта?...

Отвечать не прошу, не трудись,
Не бросай лишний взгляд на меня,
Еще раз ты ему улыбнись!
Лишь ему, его нежно любя...

1984

# По мальчишески ты несерьезный

По мальчишески ты несерьезный,
Болтаешь о чем-то своем,
В этот вечер немножко морозный
Возвращаемся мы вдвоем!

Дыханье срывает ветер,
Сладко кружится голова,
Поцелуемся мы, как дети,
У какого-нибудь столба? . . .

А потом, может быть, в хрустальный
Ты сугроб меня унесешь,
Развеешь сумрак печальный,
В морозную пыль завернешь!

Желанье в безумстве встретит
Сладостная игра!
Нас с тобой никто не заметит
До самого до утра!

Я похмельем рассвет закрашу,
Чтоб никто догадаться не мог!
Унесет тайну жаркую нашу
В ложбинку немой ручеек . . .

1994

# Сегодня, как и вчера

Сегодня, как и вчера,
Успели обнять и обидеть . . .
Сегодня, как и вчера,
Мечтаю тебя увидеть . . .
Мечтаю поднять глаза,
Открывая восторг и муку,
И скатится пусть слеза
По моей щеке в твою руку . . .
Ты боишься меня обнять,
А я боюсь, что прогонишь . . .
Так и буду капли ронять,
Пока ты насквозь не промокнешь!
Пропитаю тебя собой,
А когда ручеек мой схлынет
Станешь мокрый такой и смешной,
И тебя никто не отнимет . . .

1994

# В обыкновенной тишине

В обыкновенной тишине
Обыкновенная тоска.
И все совсем не обо мне
И слезы капают с виска!

Обыкновенная печаль,
Обыкновенные мечты.
Но все-таки чего-то жаль,
Но в этом не виновен ты.

2001

# Ах, в меня вселял ты силы

Ах, в меня вселял ты силы,
Для любви ты, бес, рожден,
Но моею страстью, милый.
Был, признайся, побежден!

И текли деньки денечки,
А за ними чередой
Остывали бурны ночки,
Охлаждая пламень твой.

А другая уж ласкала
Русы вихорьки твои . . .
Я прочла на дне бокала:
"Увлекайся! Не люби!"

1993

# По оголенной ткани нервной

По оголенной ткани нервной
Жизнь беспощадно хлещет плеткой,
И режет банкою консервной,
И топчет стертою подметкой . . .

Нельзя! Не трожьте и не бейте!
Я заслоню тебя собою,
Святого трогать вы не смейте
Гнилой, засаленной рукою!

По мне пусть плетка и подметка—
Незаживающая рана,
Пусть горло заливает водка
Из недопитого стакана!

А ты усни, пусть ночь беспечно
Даст счастье сна любимым векам.
Пусть будет радость бесконечна
С моим любимым Человеком . . .

2010

# В больнице

Я лежу в темной грустной палате,
На душе очень тяжко, тоскливо,
Вспоминаю о маме о брате,
О папуле моем молчаливом.

В щель в окне между двух зановесок
Я гляжу и в раздумиях таю.
В небе черном прямо над лесом
Вдруг большую звезду замечаю . . .

Горит ясно, лучами сверкая,
Ты звезда, одинешенька в небе.
Светит пламенно, вовсе не зная,
Что гляжу на нее я с постели,

Что томлюсь в одиночестве горьком
Я в минуты ее рассвета,
И что выть мне хочется волком
От обиды на небо это!

Нет не знает звезда золотая,
Как хотелось бы мне оказаться
Рядом с ней, точно также мерцая,
И на вечный век там остаться . . .

1980

# Когда я грущу

Когда я грущу или плачу одна
Иль трудно от серости жить
Ты мечешься тенью безумного сна,
Ты знаешь, каким нужно быть!

Когда мне от боли и счастья смешно
И нечем тебя повязать,
Ты делаешь то, что свято и грешно,
Ты знаешь, что нужно сказать!

Когда закрываются в неге глаза
И нечем от страсти дышать
Ты вдруг обращаешься на образа,
Ты знаешь, что нужно решать!

Когда тебя нет и вокруг пустота
Все хочется смять и забыть
Ты мне покрываешь желаньем уста,
Ты знаешь, как нужно любить! . . .

2003

# Совестная болезнь

От гроба обморока нить
Прилягте, милый, на кровать!
Вы так устали хоронить,
Не уставая убивать!

2002

# Какой мерзкое, пустое существо

Какой мерзкое, пустое существо
Живет во мне и тихо процветает!
Оно смердит и испускает зло!
Им корни дьявола в душе питает!

Молюсь самозабвенно, верую, люблю,
Борюсь с греховным безотрадным смрадом,
Оно подстерегает исповедь мою,
И изнутри пропитывает ядом!

Не срашен помысел—страшнее оправданье!
Не страшен грех—страшнее пустота!
Отравленное в сердце покаянье
И безысходная тоска . . .

Когда покой животный наполняет,
И наступает мрака торжество!
Живет во мне и тихо процветает
Смердящее, гнилое существо . . .

1988

# Я осталась одна, как прежде

Я осталась одна, как прежде,
Отдаваясь пустой надежде,
Растоптала мечту свою!
И теперь не в аду не в раю!

Завершилась немая битва!
И молитва теперь не молитва,
И желанье теперь не желанье.
Нет ни смысла, ни сил, ни страданья . . .

2003

# К чему исступленье?

К чему исступленье?
Бесполезная спесь?
Когда в искупленье
Не пошлют и болезнь . . .

Безысходность—отрава
Для наивной души . . .
И найдется ль управа
На немое: "Греши!"

Твердо знаю—осудят
И за "да" и за "нет"!
Оправданья не будет
Хоть страдай тыщу лет!

Отрекись и усни
От себя навсегда,
И считая свои дни
Кроткой долей раба . . .

1987

# Забытый день рождения . . .

Забытый день, пустая суета,
Тревога и наивные мечты . . .
И для тебя, должно быть, я не та,
И для меня, должно быть, ты не ты . . .

Бокалов звон и крики с потолка.
Ты счастлив? Я забыла, почему . . .
И звуки телефонного звонка
Лишь раздражают будничную тьму.

Ты весел? Я не знала, я больна,
И просыпаюсь взрывом от того,
Что зазвенела тайная струна
На празднике рожденья твоего . . .

2004

# Шахматы

И мозга шторм, пылающий огнем!
Я вдруг ладью за пешку проиграла.
Продумывать заранее не стала.
Итог смертелен—пораженья гром!

Схватилась за фигуру, как чумная,
Не всколыхнулось поле битвы вдруг!
Уверенно ударила, не чая,
Что окажусь без головы и рук!

Не ореол, не почести и слава
Ждали, как миф, победы золотой.
Огромный и тяжелый меч кровавый
Судом навис в расправе надо мной!

Не верила, не думала, не знала—
Фигуры ход и пешки на прокорм!
Один просчет и пораженья жало—
Рулетка логики—безумный мозга шторм!

2002

# Благотворительное поручение для миссии в Африку

Купить пакет в 1 галлон
Для славного миссионерства!
Но телевизор мой включен,
А из него бомбежек звон!
Купила BAG в 60 галлон
Я для частей детей и жен
И боевого министерства!

2011

# Защиты нет от вечных бед

Защиты нет от вечных бед.
То давят, то берут измором,
И каждый созданный куплет
Чужим заглушен разговором.

Жучки, жуки и пауки
На стенах дома и салона,
В галлюцинациях стихи
С чужого покатились склона.

И исповедь сама собой
В чужие уши утекает,
Везде отъявленный разбой,
Живет, растет и процветает . . .

2007

# Я трюки разные творю

Я трюки разные творю,
Тебя, Мой Друг, боготворю,
И дребедень читаю,
И о тебе мечтаю!

С тобой хочу на небоскреб,
В российский блещущий сугроб,
В безумное творенье—
Мое стихотвиренье!

И на Балканский пуп земли,
Чтоб мы с тобой летать могли,
Не порознь, а вместе
Благие слушать вести!

1999

# Ты сегодня устал

Ты сегодня устал
Бог как весть!
Сколько пленок листал!
Скольких ты выручал!
Сколько строчек набрал—
Не счесть!

Я усталость твою снимаю
С жестких глаз и любимых век!
Я ее обнимаю,
Я ее приласкаю,
В стих смешной закатаю!
И выброшу в снег! . . .

1993

# Сумрак ночи, от лампы слепящий свет . . .

Сумрак ночи, от лампы слепящий свет . . .
И опять у иконки прерывистый бред:
"Я не сплю, я люблю, не одна, ты со мной!
Не оставь нас Господь! Как детей успокой!"

Почему долго так я не знала тебя?
Почему так внезапно узнала тебя?
И молитва моя растворилась в слезах!
Образ Господа ты, Лик в любимых глазах!

Подойди, улыбнись, прошепчи мне слова!
Пусть кровавая жизнь остается цела!
Ты пришел вместе с Ним уничтожить разврат!
Есть душа, есть Любовь, пусть вокруг маскарад!

Помолюсь я теперь полюбить всех вокруг,
Как тебя, милый друг! Как тебя—не смогу! . . .

1999

# Пусть будет другим неповадно

Пусть будет другим неповадно
Наслаждаться средь бела дня.
Все как-то слишком нескладно
Получается у меня.

Я бесстыдно тобой упиваюсь,
Я лелею тягучую сласть,
И священнику больше не каюсь,
Так сильна надо мной твоя власть!

Как желанье смешно и спесиво,
Как близки к воплощенью мечты!
Ведь я же чертовски красива!
Отказаться не сможешь ты!

Кто меня в моей страсти уловит?
Кто задавит животный стон?
И в грехе меня не остановит
Даже ангелов легион!

Я задушена замкнутым кругом,
У икон не жалею свечей,
Я порву с тяжелым недугом,
После многих бессонных ночей!

Пусть будет другим неповадно,
Дурмана лелеять мечты.
У меня все слишком нескладно
И виной всему этому ты!

1993

# Вот дикие, страшные лица

Вижу дикие, страшные лица.
Неужели мне все это снится?
Или весь этот бред наяву?
Я средь монстров ужасных живу!

На стеклянных глазах мексиканца—
Бесстыжая липкая пленка
От плебея и оборванца
Отлетает пустая щебенка . . .

Безликость, тупая безликость!
Без названия, места и рода
И липкость, тягучая липкость—
Современная маска урода . . .

2004

# Простите

Простите, простите, мой милый,
Простите твержу много раз,
За то что издергала силы,
Мечтая влюбить в себя Вас!

Простите, простите, мой милый!

Простите за бурный мой бред,
Над коим поныне смеетесь,
За то, что скажу я Вам "нет",
Как только ко мне прикоснетесь!

Простите, простите, мой милый!

Простите за то, что трудна
Друг к другу немая дорога,
За то, что ищу я одна,
В молитве поддержки у Бога.

Простите, простите, мой милый!

Простите, что в сумрачный час,
В слезах и немножко сурово,
Я думаю только о Вас,
В объятиях жарких другого,

Простите, простите, мой милый!

Простите, что я нареклась
Совсем не Ларисой, а Сашей,
Что поздно я так родилась,
И что не сумела стать Вашей!

Простите, простите, мой милый . . .

1994

# Hodgkin s disease

Злой лимфогрануломатоз
Скосил в дугу эксперта ВОЗ!
Немало преподнес чудес!
Проказник в pancreas залез

Эксперт была совсем страшна,
Доценту даром не нужна,
А вот девчоночка душа,
Была должно быть хороша!

И проксимально и дистально
Пальпировалась досконально!
Доцент был всемогущ, как Бог,
Прощупать лимфоузел смог,

(Его неслышно и невидно
Под мышцей трапециевидной!)
Наш вывод всем принять всерьез!
Можно не быть экспертом ВОЗ!

Для диагностики удачной
Будь молодой девчонкой смачной!
Будь при мордашке и при теле
Пальпировать, чтобы захотели!

1994

# Кто кого . . .

Ты меня безмолвным намеком,
А я тебя Пастернаком и Блоком,
Ты меня—своей красотой,
А я тебя—рифмой своей крутой . . .
Так и играем в игру "кто кого"
И не хотим больше здесь никого!

2003

# Как-то ранехонько утром

Как-то ранехонько утром,
С мешком солидных регалий
Терапевт степенный с хирургом
Вдвоем на работу шагали!

Не заметила б я эту пару,
Но, промчавшись стремительным кроссом,
Задали они мне жару,
Дверь захлопнув прямо под носом.

С хирургом конфуз получился,
Очень падок на малолеток.
На студентке своей женился,
Бросив жену и деток!

Вопрос навязчивый гложет.
Мешает даже учиться!
А вот с терапевтом может
Та же петрушка случиться?!

1994

# Звона ключей циничный акцент!

Звона ключей циничный акцент!
Входит красавиц-мужчина доцент!
Улыбка надменна и поступь тверда!
В себе он уверен бывает всегда!

И что ж в медицине он бог и маг,
На лекциях вечно полный аншлаг!
Совсем невзначай и чуть-чуть нагловато
Крутые доходы торчат из халата!

Сердца же студенток знакомых с ним лично,
Бьются ускоренно и аритмично!
Не нужно при том никого убеждать,
Что могут вообще фибрилляцию дать!

1994

# Отказ

Такой напористый и властный,
И самолюбием больной.
В любви—огонь взрывоопасный,
В работе—digger заводной!

От много может, много хочет,
Неодолимое добьет,
Пусть Нобеля ему пророчат,
А он к студенткам пристает!

Пристань ко мне, доцент мой милый,
Мои давно иссякли силы,
Тобой одним давно живу,
Я и во сне и наяву!

Твою улыбку замечаю,
Каким ты в гневе можешь быть.
Лишь одного пока не знаю,
Как же умеешь ты любить?

Скорей всего ты любишь властно,
С издевкой и взрывоопасно,
А, может быть, чертовски нежен
Или чудовищно небрежен!

Пускай кричат средь бела дня,
Что вдвое старше ты меня,
Желаньям я не знаю меру,
В постели делаю карьеру!

Мне наплевать—любить не смею,
И продаваться не умею,
Лишь изредка набрать позволь,
Четыре пять, два, два и . . . . ноль . . .

1993

# Тебя так чудно мысленно любить!

Тебя так чудно мысленно любить,
С востогром упиваясь днем вчерашним!
Ты можешь сильным и настырным быть,
А можешь быть уютным и домашним . . .

Тебя мечтаю у других украсть,
Сорвать наряд в предчувствии сближенья,
В любовь нырнуть и налюбиться всласть
За все невзгоды, боли, пораженья!

С тобой дышать, смеяться, ворожить,
Читать слова из Нового Завета,
Упасть в сугроб или куплет сложить
От сумерек до нового рассвета . . .

И пусть никто нас вместе не найдет,
Тебя я спрячу, заслоню собою,
Пусть суета в небытие уйдет
И только мы останемся с тобою!

1998

# Заморская красавица

Красавица с Монмартра!
Ты в танце Джозефина,
В постели Клеопатра,
А в мысли Прозерпина!

Глаза твои бездонны,
А слово так невинно,
В молитве ты Мадонна,
А в жизни—Арлекино!

2000

# Я хочу проснуться с тобой

Я хочу просыпаться с тобой
В этой комнате белой-белой,
С догоревшею за ночь свечой,
И с твоей улыбкой несмелой . . .

Я хочу тебя целовать,
Как умею—безумно и страстно,
Я хочу, чтоб опять и опять
Ты собой покорял меня властно!

Ты мне скажешь, что в доме тепло,
И нам нужно спешить куда-то,
Что уже на земле рассвело,
И что все повторится когда-то.

Я совсем ослабею к утру.
Ты меня воскресишь, обесточив,
И с твоей я руки соберу
Весь восторг нашей пламенной ночи!

2000

# Доброму другу...

Я ненавижу видеть твою грусть,
Потухших глаз, измученного взгляда.
И все в тебе я знаю наизусть,
И каждой искрой восхищаться рада!

Я на тебя потерянно гляжу,
Когда печальна ты или одна,
И места я себе не нахожу,
Когда в печали той моя вина...

2009

# Маме

У иконы живые цветы,
Обиды и боли не зная,
Совсем рядом молишься ты,
Моя милая и родная . . .

Сегодня терзают Христа,
И в эти минуты страстные,
Молитву шепчут уста,
Мои милые и родные . . .

Жизнью смерть уже побеждена,
И пению тихо внимая,
В этом мире ты не одна,
Моя милая и родная . . .

1988

# Понарошку . . .

Скажи понарошку: "Тебя не люблю."
Ведь это же шутка,
Всего лишь минутка
Сказать понарошку: "Тебя не люблю."

Скажи понарошку: "Христос не воскрес."
Шутливо так скажешь,
Ничем не обяжешь,
Сказав понарошку: "Христос не воскрес."

Скажи понарошку: "Пора уходить."
В те дальние дали,
Без слов и печали
Скажи понарошку: "Пора уходить."

Скажи понарошку: "Стремительна жизнь."
Пожили немножко
Совсем понарошку
И так понарошку кончается жизнь . . .

1999

# Juvenile Seizure Syndrome

Инфантилизм, падучая, синдром.
Трясутся стены, крыша, дом.
Нет ни души вокруг, ни утешения,
Ни внятных слов, ни мыслей, ни решенья . . .

Врачебных властных рук прикосновенье . . .
Бетховенского ветра дуновенье . . .
И в эти самые мгновенья—ИСЦЕЛЕНЬЕ!
Вернулись зрелость, мысли, и решенья . . .

1997

# Ты в голубом . . .

Ты в голубом
И в белой паутинке,
Кладу в альбом
Я бережно картинки . . .

Вот поворот лица . . .
Так смело, гармонично!
Рука Творца
Слепила все отлично!

Вот томный взгляд,
Улыбка невзначай.
Дурашка рад!
Его не замечай!

Очаровав весь мир,
Наставив всем рога!
Ты избранный кумир!
Кумиру—ЖЕМЧУГА!

1998

# Ленинград

Дворцы, колонны, замки, троны,
Где каждый радоваться рад.
Не уронил своей короны
Наш славный город Ленинград!

На Невском пиво и солянка,
Где каждый набивает рот.
Ждет на углу пивная банка
Американский бутерброд.

Стоит Аврора образцово,
В Михайловском восторгов град!
Поет Елена Образцова,
Как тридцать лет тому назад!

Здесь рев машин и конский топот,
Здесь шепот царственных особ,
Здесь гневный крик, бунтарский ропот,
Здесь пир и нищенский озноб . . .

Ах, Ленинград, тебя люблю я
За все, что было и грядет!
Санкт-Петербург, тебя хвалю я
На много славных лет вперед!

2011

# Гонка времени . . .

Подожди, не гони, не беги, не спеши!
Нет уж сил у измученной бегом души!
Эта гонка все нервные клетки изгложет,
И сердечко расслабиться больше не сможет . . .

2000

# В звездопад

Мы ехали по рельсам в звездопад,
Церквушек маковки мелькали за окном.
Мы рифмы запивали наугад
Цветаевским изысканным вином . . .

Мы искренность прекрасную несли.
(Чушь в 45 уже не говорят),
И искры сыпались от неба до земли,
Собою заполняя звездопад . . .

Устав от кесаря и божьего слегка,
Болтали ни о чем и невпопад,
И волновалась звездная река,
И кофе заливалось в шоколад.

Приехал поезд, нужно выходить,
Закончился волшебный звездопад.
Пока! Прощай не будем говорить
Ни в шутку, ни в серьез, ни наугад . . .

2011

# Мер Б-д

Не рыба, не мясо,
Не сок, не компот,
Не платье, не ряса—
Таков местный кот!

И бегают глазки
Чрез толщу замазки
К деньжищам примазки!
Все травит он сказки.

2011

# Не предавай . . .

Не предавай любовь свою,
Не шли беднягу на распятье.
Соблазны кормят плоть твою
И шлют ей вечное проклятье!

Не предавай любовь свою
В порыве гнева иль ненастья,
Измену, черную змею,
Гони от истинного счастья.

Не предавай любовь свою
Ни в 20, ни в 50, ни в старость.
Предательскую мысль твою
Пусть гонит искренняя ярость!

Не предавай любовь свою
Она одна на целом свете!
И тихо прошептав: Люблю
Ты навсегда за то в ответе.

2011

# Вновь . . .

Вновь интриги, безумство и боль,
Вновь нелепая зависть и тупость,
Помолчать мне с тобою позволь.
Пусть молчаньем разгонится глупость . . .

Я их всех приглашаю на пир!
Пусть звучит мое эхо немое.
И когда ж сей звереющий мир
Нас с тобою оставит в покое?!

Неужель на обычную твердь
Мы при жизни не ступим ногами?
И одна лишь заступница смерть
Нас обнимет своими руками? . . .

2001

# Тридцать лет назад

Тридцать лет назад на постели
Я большую звезду замечала,
Жизнь теплилась во мне еле-еле,
Но как много я раньше не знала!

Что щелкунчик, сколоченный фрицем,
Был подобен бездомной овечке,
Тот уродец, не выросший в принца,
Изничтожен принцессою в печке.

Что трюкачество жизни жестоко,
Что людей изменять бесполезно,
Что по жизни идти одиноко,
Что орех колют зубом железным . . .

Угольками из печки сверкая,
Чтоб большая звезда не померкла,
Я как бедный щелкунчик сгораю,
Оставляя всем горсточку пепла . . .

2011

# Я мечтаю . . .

Я мечтаю тебя веселить!
Волшебством, шутовством, колдовством!
Чтоб с тобою всегда рядом быть!
В перелеске густом, под мостом, за холстом,
И в молитве Великим Постом . . .

2002

# Зачем?

Зачем наш Сережа Есенин
Дункан Исидоры взалкал?
Зачем наш поэт Маяковский
На трубах ноктюрны играл?

Зачем Мандельштам крушил Сталина
А Сталин его затравил?
Никем не болела Цветаева,
Дожить не хватило ей сил . . .

Не долго по светлой саванне
Бродил Гумилевский жираф.
Булгаков закончил в "нирване"
Сухих психотропных отрав . . .

Задай-ка вопрос беспредметно!
Не лучше ль поэту молчать?
Сослали болтливых "корректно"
На небо на флейтах играть . . .

2012

# Дирижер

Ты палочкой вращаешь,
Ну, просто караул!
Ты смело укрощаешь
Зубастищих акул!

И все они прилежно
Тебе честь отдают,
Под твой оркестр небрежно
Танцуют и поют . . .

И издают стоккато,
Зубищами звеня . . .
Найдешь ли ты когда-то
Минутку для меня?

2001

# GOYA

"Капричос"—не найду я слов!
Лукавый мир безумных снов.
Из подземелья, давки, смрада
Глядят немые лики ада!
Искривлены тела людей
И в каждом образе—злодей!
Зверье купается в зверье,
Невинность женят на старье,
"Капричос" целых двести лет!
Совсем не изменился свет . . .

2012

# Живу, как в трофейном кино

Живу, как в трофейном кино.
Я в Америке этой давно,
И хоть песни пою им на бис,
Все толкают меня вниз и вниз . . .

2012

# И в первый день весны . . .

И в первый день весны,
В твой, Мамочка, чудесный День Рожденья,
Тебе желаем от души мы всей семьей:
Будь жизнерадостна, в прекрасном настроенье,
И оставайся лишь такой,
Какой всегда тебя мы любим—
Красивой, милой и родной . . .

2012

# И в пророчестве вещего сна

И в пророчестве вещего сна
Я ловлю каждый взор, каждый взгляд,
И ревнуя тебя невпопад,
Я совсем от тебя без ума . . .

2009

# От редкостной печали . . .

От редкостной печали
Стою я у реки.
Опять мне докучали
Дурные мужики.
То пляшут, то смеются,
То песенки поют,
Вокруг все время вьются
И жизни не дают.
Вот взять бы эту свору,
Что так мешает жить,
И всех без разговору
Мне в речке утопить . . .
Чтоб пены наглотались
По счету раз, два, три,
И чтоб от них остались
Одни лишь ПУЗЫРИ . . .

2012

# Брату

Мой милый брат, братишка добрый
Люблю тебя!
За твой басок недавно незнакомый
Люблю тебя!
За то, что вырос так внезапно
И стал большим!
Под грубоватостью нескладной
За то, что детство сохранил!
Ты славный у меня и будь таким всегда!
Я не жалею, что бегут года!
Как малышом ты маме приносил цветы,
Так и теперь по-детски чуток ты!
Прости сестру твою, за все прости меня
И знай, что никого сильней не полюблю
Люблю тебя!

1995

# Неправда о России . . .

Безликие тени,
Холодные маски,
И мажут без лени
Белила и краски.

Замазаны шрамы,
Красивы уроды!
Расписаны Храмы
На смену погоды.

Забыты кумиры,
Заглушены крики,
Крестятся вампиры
На новые лики . . .

2003

# Я отвоюю тебя!

Я отвоюю тебя!
У всякой нелепости,
Вражеской крепости
Я отвоюю тебя!

Я отвоюю тебя!
У немого отчаяния,
Боли, страдания
Я отвоюю тебя!

Я отвоюю тебя
У конского топота,
Рабского ропота
Я отвоюю тебя!

Я отвоюю тебя
И у осла, и у козла,
И у всякого прочего зла!
Я отвоюю тебя!

Я унесу тебя!
В мир поднебесный,
В мир светлый, чудесный
Я унесу тебя!

Я не позволю
Тебя унижать!
Я не позволю
Тебя обижать!
Ни черту, ни гаду,
Ни страху, ни смраду
Я не позволю! . . .

2001

# В мелкоклеточном пространстве

Когда из клетки выйти не дано,
И руки резать о замки не ново,
И жизнь летит, как быстрое кино
Под наблюденьем критика немого ...

Я вижу, что свободы больше нет,
А есть затравленность от дрессировки.
Сок выделяется на ток и свет,
Слюна течет от павловской сноровки ...

Я знаю все—как правильно сказать,
Где улыбнуться, как подставить ножку,
Где промолчать, где сливки подлизать,
Слегка по-правде, больше понарошку ...

Я дрессировке плохо поддаюсь,
Хотя от тока режет в реверансте,
И все-таки собою остаюсь
Я в этом мелкоклеточном пространстве ...

2011

# Будь со мной

Если нет тебя, то смысл утрачен
И страны, и жизни, и вина.
Если нет тебя, то вечер мрачен.
Люди не нужны, и я одна . . .

Если нет тебя, то небо серо,
Звон колоколов лишь пустозвон.
Если нет тебя, слабеет вера,
Блекнут лики праздничных икон.

Если нет тебя, то нет России,
Нет ее просторов и небес,
Нет ее прекрас и моря сини,
Нет ее свободы и чудес!

Без тебя не пишутся страницы,
Без тебя не вертятся стихи,
Без тебя смолкают даже птицы,
А слова лишь праздны и сухи.

Будь со мной вблизи, на расстояньи!
Будь со мною тайно, на глазах!
Будь со мной в грехе и покаяньи!
Будь со мной в сомненьях и слезах!

Будь со мной, когда весь мир забудет!
Будь со мной и вечность и чуть-чуть!
Будь со мной, когда меня не будет!
Только будь, я умоляю, БУДЬ!

2009

# Хочу

Хочу любить тебя всегда,
Когда мне грустно и темно,
Когда свирепая вода
Дождем и градом бьет в окно . . .
Когда покоя не дает
Тревожных мыслей гулкий рой,
Когда молитву запоет
В биенье сердца голос твой,
Когда рассеется беда,
Когда пройдет глухая боль . . .
Хочу любить тебя всегда,
И ты, пожалуйста, позволь!

2000

# Если бы только . . .

Если бы только
Жизнь твоя стала легче
От того, что мы любим друг друга,
Но легче она не будет,
А будет все тяжелее,
От зависти к нашему счастью.

Если бы только
От любви ты смог бы летать,
А не работать так много!
Но не бывает такого,
А бывают лишь боль и страданье,
Если люди живут по сердцу.

Если бы только,
Я могла бы собой защитить тебя
От несчастий, и бед, и нанастья,
Чтоб тебе не чувствовать боли,
Чтоб только светлая радость
Наполняла пути твоей жизни!

Если бы только,
Мне закончить все школы на свете,
И подарить тебе мир
В его красоте и полете,
В его чарующем ритме
И музыке мирозданья!

Тогда бы все получилось?
А, может, уже получилось!?
Сложилось все так, как нужно,
И пусть будет трудно и больно,
Но мы остаемся вместе
Наперекор абсурдности мира!

Держись за меня покрепче!
Дыши от счастья поглубже!
Мы будем сильнее страданий!
Мы будем верны друг другу!
И яростный мир просветлеет
От нашей Любви и Силы!

2005

# Дай мне руку пожать твою добрую!

Дай мне руку пожать твою добрую!
Дай мне куртку отдать свою теплую,
Дай взглянуть на тебя, в искрах счастье даря,
Ведь ты Друг у меня, Ты и радость моя!

Рядом мы и поет сердце песню души,
Пойдем вместе вперед по дорогам большим,
Будем тяготы жизни делить пополам,
Свои думы отныне вверять славным делам!

Скрепим дружбу навек монолитной скалой!
Был один человек, а теперь мы с тобой!
Нет прекрасней любви настоящих друзей.
Чушь мелю? Извини, и дай руку скорей!

1992

# Кто сказал, что я ночью плакала?

Кто сказал, что я ночью плакала?
Что опухшие утром глаза?
Это глупая девка накаркала,
А в глазах моих просто роса . . .

Или, может быть, утром соринка
Залетела от южных ветров,
Или с неба случайная льдинка
Приземлилась с родных берегов . . .

Вот косметика, тушь и белила,
Вот заморский густой карандаш!
Кто сказал мне, что все это было?
Все замазано—шарм и кураж!

2005

# Кошка

Кому-то поставила ножку,
Кому-то сломала ногу.
И хлеба случайную крошку
Втоптала в немую дорогу . . .

Устав от безумной гонки,
Поплакала у окошка,
И жизни своей обломки
Лижу, как побитая кошка . . .

И трусь у большой калитки
Ни света, ни правды не зная,
Промокшая вся до нитки,
Побои и раны считая . . .

И дверь отворил угрюмо
Огромный тупой детина.
Хромая, ложусь бесшумно
На коврике у камина . . .

2000

# Стихотворение 5-летнего мальчика

Я хочу, чтобы мир был чище!
Чтобы не было в мире обмана!
Чтобы всех накормили нищих!
Чтоб всегда улыбалась мама!

Чтобы в небе парила птица!
Чтоб деревья стояли прямо!
Чтобы были счастливей лица!
Чтоб не плакала больше мама!

Я хочу, чтобы все-все люди
Исцелили кровавые раны!
Тогда мама курить не будет!
Заберу сигареты у мамы . . .

2002

# Таких сильных, как ты, не бывает!

Таких сильных, как ты, не бывает,
И красивых таких не бывает,
И лишь только Господь понимает,
Как непросто тебе быть собой! . . .

Мир смеется лукавым оскалом,
Ты карабкаешься по скалам,
Часто все начинаешь сначала,
Но всегда остаешься собой . . .

Я иду очень близкой дорогой,
Вечно нищей, побитой, убогой,
И щетинясь улыбкою строгой,
Спотыкаясь, бегу за тобой . . .

Ни тебя ни меня не сломали,
Ни болезни, ни беды-печали.
Взявшись за руки, вместе воспряли,
Чтоб продолжить наш путь непростой . . .

2000

# Любовь

В красном бархатном одеянье
Излучаешь свое сиянье,
Из-под складок, из-под шелков,
Извлекаю тебя из оков!

Охмуряя бездонным взглядом,
Ты ласкаешь меня, ты рядом!
Раздеваю тебя гамбитом
И вращаю тебя по орбитам . . .

2000

# Скажу тебе я честно . . .

Скажу тебе я честно.
Давно хочу сказать,
Что в мире поднебесном
Я не желаю знать.

Ни славы, ни карьеры,
Ни лести, ни вранья,
Ни денежной химеры,
Ни пышного жилья.

Я в мире поднебесном
Не жажду ничего
Скажу тебе я честно . . .
Лишь счастья твоего!

1999

# Учителю Кардиологии

Молодец, я бы просто сказала,
С черной сумкой своей налегке,
Быстро мчитесь с Речного Вокзала
Застревая порой в тупике.

Уж, поверьте, давно и навечно
Потеряла бы к Вам интерес,
Если бы к «Зилу» легко и беспечно
Подлетал Ваш лихой мерседес.

Не одну пролистали Вы книжку,
Заполняя троллейбусный стаж,
С остановки, галопом вприпрыжку,
На любимый восьмой этаж.

А оттуда стремительней ветра,
Вы летите в уютный подвал,
С четкой точностью, до миллиметра,
До секунды врываетесь в зал!

Где ни сядете--в центре вниманья,
Вы любой исцелите недуг.
Ум и совесть большого собранья!
Вы прекрасны, поверьте, мой друг!

Вечно в курсе и вечно горите,
Ум польсирует звоном лихим.
Только чаще улыбку дарите
Вы уставшим коллегам своим!

Знаю, можете Вы улыбаться
Нежно, искренне и глубоко,
И чудеснейше преображаться,
Так что с Вами светло и легко!

И студентов, пожалуй, не нужно
Только палкой от лени лечить.
Палке рабство одно лишь послушно,
А такому не стоит учить!

Вечно, как в детективном ролике,
У Вас на студентов облава,
И сидят, как забитые кролики,
В ожидании действий удава . . .

Пусть тактичнее, а не циничней
Все занятия будут у Вас!
Мягче, с юмором, дипломатичней!
Выигрыш будет в две тысячи раз!

Ни к чему бесполезные споры.
Многих можно поднять и спасти.
Вашей силой подвинутся горы!
Научите же слабых расти!

Нам несете спокойно и ясно
Интеллект, трудолюбие, честь!
Личность сильная, это прекрасно!
Вам спасибо, за то, что Вы есть!!

1993

# Дар лектора . . .

Вновь в бурном экстазе замерла зала
Склеродермию бестяще сыграла . . .
Ох, долго мерещится будут нам в миске
"Муляжная кожа" и "пальцы-сосиски".

Что там Раневская с Гурченко вам!
Вы приходите на лекции к нам!
Чтоб высоко оценить уникальность,
Дар лектора, знания и театральность!

1993

# Полный восторг

Финансами Фирмы воротит,
И джипы на шпильках водит,
Так вот вам и обормотка,
Физтеховская Красотка!

2007

# Ах, принтер мне не нравится!

Ах принтер мне не нравится
Брошюрка не находится,
И как эта красавица,
Да без меня обходится?

Бегу, лечу вприпрыжку,
Чтоб все кругом исправить,
Брошюкру, принтер, книжку,
Скрутить слепую зависть!

И чтоб все пациенты
На свете исцелялись,
И чтоб коэффициенты
В науке вычислялись . . .

1999

# Добился от дамы восторга?

Добился от дамы восторга?
Пиджак "в елочку" из Мосторга,
Рестораны и бизнес-класс,
Да ты просто крутой ловелас!

Но не это в тебе интересно,
Роскошь в крупном масштабе—пресно,
А на душу великий бальзам,
То, что все это ты сделал сам!

2007

# Если отнять у тебя Subaru

Если отнять у тебя Subaru,
Под фишками вставить фиников пару,
Хавать ткнуть тебя из канавы,
Из той, что блевали твои шалавы,
Тогда эррегируется твой пенис,
Наш славный, великий и умный Менис?

2007

# О сложностях и удобствах!

Любить Гениальное безумно сложно!
Удобней на Гениальное молиться.
А я с тобой сближаюсь осторожно
И лишь тобой мечтаю насладиться . . .

2000

# Корпорация

*Eli Lilli and Co*

Рюкзак свой опустив с плеча,
Бреду, фонтанами любуясь . . .
Свой бизнес делать саранча
Бежит, колесами стуча,
Не унывая и не хмурясь . . .

Здесь CSMов гулкий рой
Считает бодро CPMов.
Хочу вернуться я домой,
Чтоб распрощаться с суетой
Всех этих SUPER BUSY Сэмов . . .

И света не видать ни зги
Мне в недрах этого созданья.
От жара плавятся мозги!
Не видно радуги-дуги!
В дворцах такого мирозданья!

2012

# Что за химерики?

Что за безумие? Что за химерики
Мир весь «кончает» под гимны Америки!
Что за нелепая глиобластома?
В Афгане Петреус "е--тся", как дома!
В Ираке, как символ великой отваги,
Американские вешают флаги!
Ищут пожарные, ищет милиция,
Ищут шоферы в Российской столице!
Ищут давно, но не могут найтись . . .
Как от "петреусов" этих спастись!

2012

# Зона Тарковского

*Американским нивам.*

Как часовой шагаю по часам.
Мечты мои о смене караула.
Здесь все не так--лишь оступился сам,
И Зона сразу на тебя шагнула . . .

Вот мысль свободная втемяшилась в башку,
А Зона тут как тут ее читает,
И мясорубка тонкую кишку
Уже на вертел медленно мотает.

Вот вырвалось словечко невпопад!
За говорливость Зона бьет нещадно.
И топкого болота вязкий смрад
Засасывает в бездну беспощадно . . .

Мне Комната заветная нужна,
Где б все мои исполнились желанья,
Но Зона беспросветная страшна,
До цели бесконечны расстоянья!

Где Сталкер мой? Куда теперь идти?
Вот тени дикие, а он пропал куда-то.
И выхода не видно впереди,
И нет обратного из Зоны мне возврата . . .

2012

# Собор Парижской Богоматери

*К Элизе*

Нет, Еву не любил Адам,
Как Эсмеральду Квазимодо!
И не прочнее Notre Dame
Любви убогого урода...

Что есть Эдем, а что есть Ад?
И в Рай ли направляем парус?
Так часто фанатичный смрад
Мир Божий превращает в хаос!..

2012

# В стеклянной колбе...

*PharmaDa-i-fuck*

Мне страшно жить, как мухе в колбе
Под колпаком у дураков!
Где каждый взгляд по склянке долбит
Мерзавцев злых и слизняков!

Где каждое мое дыханье
Насквозь пронюхано жульем!
Где беспардонные созданья
Булавки колют острием!

Нелепо, безысходно, грозно
Мне на булавочном колу,
И знаю рано или поздно
Как моль размажут по стеклу...

2012

# Найдется рифма для стиха!

*Для той, кто выше совершенства*

Найдется рифма для стиха!
В нелепый мир бросаем «Ха»!

Жестокий мир мы бьем стихом!
И восклицаем громко «Хо»!

В угоду сильному стиху
Кому-то отрываем «ху»!

И интеллект найдем в стихе
Всем дуракам воскликнуть «Хе»!

2012

# Пристанище . . .

Затравленная, битая, больная,
Пораненная кем-то здесь и там,
К тебе я потихоньку прибегаю,
Чтобы навзничь припасть к твоим стопам.

Я не прошу ни слов, ни состраданья,
У ног твоих пытаюсь все забыть.
И в необъятной бездне мирозданья
Одно пристанище--с тобою рядом быть . . .

2007

# Обратно вникуда?

Мне иллюзорный мир причудился с утра,
Что ждут меня в России на Ура!

Как представлялось мне так много лет когда-то,
В России заживу счастливо и богато!

Не ждет меня ни черная икра,
Ни прежняя листва, ни детвора,

И детство безмятежное мое
Давным-давно ушло в небытие . . .

И убежав с чужбины навсегда,
Вернусь я не домой, а ВНИКУДА?

2012

# Безобразные сегодня . . .

Безобразные сегодня
Завтра--статны и красивы!
Гнется, стонет преисподня!
От Великой Божьей Силы!

И отверженный булыжник
Ляжет в основанье Храма,
А лукавый злобный книжник
Будет гнить под грудой хлама.

И оплеванный бродяга
Встанет князем у порога!
А умерший доходяга
Оживет по Воле Бога!

2000

# Поехали Домой!

Поехали домой
В страну, которой нет,
Где каждый колос мой,
Где льется детства свет!

2012

# Есть подстилки под бутылки!

Есть подстилки под бутылки,
Есть салфетки под стаканы,
И под вилки есть подстилки,
И ковры под барабаны!

Из бутылок наливают,
Из стаканов ром стаканят,
Вилкой рыбу поддевают,
В барабаны барабанят!

Но не знаю я подстилки
(Ни одна мне не приснилась),
Чтоб в бутылки, ложки, вилки,
Та подстилка превратилась!

Все сморкаются в подстилки,
В унитазы их швыряют,
Вилки, задницы, бутылки
О подстилки вытирают!

Я подстилочную участь
Вам заранее прикину,
Попадают, сильно скрючась,
Все в стиральную машину!

2012

# Миру в лицо . . .

Чрез призму боли и измен
На мир глядят из грязных стен,
А я ему смотрю в лицо
Сквозь обручальное кольцо . . .

1990

# Баба Яга

Что за странная Карга?
В Царском Тереме--Яга!

В драных жить должна сапожках
В теремке на курьих ножках,

И чертей гонять домой
Злой поганою метлой!

2007

# Мамашечка . . .

*Всем доблестным строителям детского счастья . . .*

Мамашечка, Вам веер?
Пожалуйста, извольте!
А вместо чувств пропеллер?
Пожалуйста, увольте!

Зачем нам миллионы--
Зеленые листы?
Сократы и платоны
Бездарны и пусты!!

Вы строите нам счастье?
Не нужно, не трудитесь!
А в бурю и в ненастье
Вы лучше попоститесь!

Хотелось бы Вам свечку
За нами век тянуть!
Идите Вы . . . на печку!
Мы сами как-нибудь!!

2012

# Промолчи, промолчи, промолчи . . .

Промолчи, попадешь в ловкачи!
Промолчи, попадешь в стукачи!
Промолчи, попадешь в богачи!
Промолчи, промолчи, промолчи . . .

А на мужчское мерзкое «ХОЧУ»?
Я в зубы дам и вряд ли промолчу!
Поскольку теск разбитых челюстей
Разбудит мерзких леших и чертей . . .

2002

# Объявление

*Inspired by lectures offered by C. F.*

Наши "пили" только лечат!
И больных и дураков!
Наши "пили" не калечат!
Ни детей, ни стариков!

Наплодили химикатов
На земле, как на луне,
Чтобы жить и без "откатов"
На заморской стороне!

Вас болезнью подкосило?
В лихорадке бьет озноб?
Все законно и красиво!
Вот таблетка, вот сироп!

Может быть, она поможет!
Может быть, она убьет!
Может, слезет ваша кожа!
Все-равно таблетку в рот!

Так пролечим ваши раны--
Не увидите ни зги!
Дядя Сэм набьет карманы,
Лихо вам промыв мозги!

2012

# О клизмах и эвфемизмах . . .

*Inspired by lectures offered by C. F.*

Попробуем вместе найти эвфемизм
К совсем пентагонному слову "х--зм"!

Извилины наши дают катаклизмы,
В политике копятся всякие "измы".

Цинизм, остракизм, плюрализм, дурализм!
На всех не хватает чистительных клизм!

2012

# Последние слова . . .

Однажды вернейший вассал,
Исполняюший волю патрция,
На патриция гневно восстал,
Но в бою подвела амуниция!

А патриций ударом меча,
Закаленным, заточенным остро
Снес главу от плеча до плеча
Он вассалу цинично и просто . . .

И валяясь в крови голова,
Прохрипела раздробленным ртом
В предсмертной горячке слова:
"Был вассалом твоим--не рабом!"

2012